U0614483

小柏拉图
载入史册的哲学家

汉娜的小剧院

〔法〕马里翁·穆勒-克拉尔 著
〔法〕克莱蒙·波莱特 绘
胡庆余 译

人民文学出版社
PEOPLE'S LITERATURE PUBLISHING HOUSE

著作权合同登记号 图字 01-2020-2290

Le petit théâtre d' Hannah Arendt
©Les petits Platons,Paris,2015
Design:Yohanna Nguyen
Simplified Chineses edition arranged through Dakai Agency Limited
ALL RIGHTS RESERVED

图书在版编目（CIP）数据

　　汉娜的小剧院 / (法) 马里翁·穆勒-克拉尔著；
(法) 克莱蒙·波莱特绘；胡庆余译. -- 北京：人民文
学出版社, 2022
　　（小柏拉图）
　　ISBN 978-7-02-016680-0

　　Ⅰ. ①汉… Ⅱ. ①马… ②克… ③胡… Ⅲ. ①阿伦特
(Arendt, Hannah 1906-1975)—哲学思想—少儿读物
Ⅳ. ①B712.59-49

　　中国版本图书馆CIP数据核字(2020)第198090号

责任编辑　　卜艳冰 汤　淼
装帧设计　　李　佳

出版发行　人民文学出版社
社　　　址　北京市朝内大街 166 号
邮政编码　100705

印　　　刷　凸版艺彩 (东莞) 印刷有限公司
经　　　销　全国新华书店等

字　　　数　30千字
开　　　本　720毫米×1000毫米　1/16
印　　　张　4.125
版　　　次　2022年1月北京第1版
印　　　次　2022年1月第1次印刷

书　　　号　978-7-02-016680-0
定　　　价　42.00元

如有印装质量问题, 请与本社图书销售中心调换。电话:010-65233595

让小·柏拉图结识大柏拉图

——《小柏拉图》丛书总序

周国平

　　我喜欢这套丛书的名称——《小柏拉图》。柏拉图是西方哲学的奠基者，他的名字已成为哲学家的象征。小柏拉图就是小哲学家。

　　谁是小柏拉图?我的回答是：每一个孩子。老柏拉图说：哲学开始于惊疑。当一个人对世界感到惊奇，对人生感到疑惑，哲学的沉思就在他身上开始了。这个开始的时间，基本上是在童年。那是理性觉醒的时期，好奇心最强烈，心智最敏锐，每一个孩子头脑里都有无数个为什么，都会对世界和人生发出种种哲学性质的追问。

　　可是，小柏拉图们是孤独的，他们的追问往往无人理睬，被周围的大人们视为无用的问题。其实那些大人也曾经是小柏拉图，有过相同的遭遇。一代代小柏拉图就这样昙花一现了，长大了不再想无用的哲学问题，只想有用的实际问题。

　　好在有幸运的例外，包括一切优秀的科学家、艺术家、思想家等等，而处于核心的便是历史上的大哲学家。他们身上的小柏拉图足够强大，茁壮生长，终成正果。王尔德说："我们都生活在阴沟里，但我们中有些人仰望星空。"这些大哲学家就是为人类仰望星空的人，他们的存在提升了人类生存的格调。

　　对于今天的小柏拉图们来说，大柏拉图们的存在也是幸事。让他们和这些大柏拉图交朋友，他们会发现自己并不孤独，历史上最伟大的头脑都是他们的同伴。当然，他们将来未必都成为大柏拉图，这不可能也不必要，但是若能在未来的人生中坚持仰望星空，他们就会活得有格调。

　　我相信，走进哲学殿堂的最佳途径是直接向大师学习，阅读经典原著。我还相信，孩子与大师都贴近事物的本质，他们的心是相通的。让孩子直接读原著诚然有困难，但是必能找到一种适合于孩子的方式，让小柏拉图们结识大柏拉图们。

这正是这套丛书试图做的事情。选择有代表性的大哲学家，采用图文并茂讲故事的方式，叙述每位哲学家的独特生平和思想。这些哲学家都足够伟大，在人类思想史上产生了巨大而深远的影响，同时也都相当有趣，各有其鲜明的个性。为了让读者对他们的思想有一个瞬间的印象，我选择几句名言列在下面，作为序的结尾，它们未必是丛书作者叙述的重点，但无不闪耀着智慧的光芒。

苏格拉底：未经思考的人生不值得一过。

第欧根尼：不要挡住我的阳光。

伊壁鸠鲁：幸福就是身体的无痛苦和灵魂的无烦恼。

笛卡儿：我思故我在。

莱布尼茨：世界上没有两片完全相同的树叶。

康德：最令人敬畏的是头上的星空和心中的道德律。

卢梭：出自造物主之手的东西都是好的，一到了人的手里就全变坏了。

马克思：真正的自由王国存在于物质生产领域的彼岸，这就是人的解放。

爱因斯坦：因为知识自身的价值而尊重知识是欧洲的伟大传统。

海德格尔：在千篇一律的技术化的世界文明时代中，人类是否并且如何还能拥有家园？

汉娜·阿伦特：恶是不曾思考过的东西。

赫拉克利特：人不能两次走进同一条河。

维特根斯坦：凡是可以说的东西都可以说得清楚；对于不能谈论的东西必须保持沉默。

献给·曼诺林和费利克斯，因为孩子们能在打扰大人工作当中体会到意义和价值。

致娜努和雅克

汉娜 (Hannah) 这个词是一个回文结构。我们可以从前往后读，也可以反向读，不管从哪个方向，都被读为汉娜。

对此，汉娜·阿伦特很早就明白了，但是她从未像那天那样清楚地明白，那天是1975年12月4日，那天异常寒冷。

那天早上，汉娜·阿伦特决心与《精神生活》战斗到底。她倚靠着水槽，把水洒在自己脸上来保持头脑清醒：

"我什么时候才能写完这本书？这也许是我的第一本哲学书。"这位老太太一边对着镜子朝自己狡黠一笑一边评论道。但是……

汉娜·阿伦特朝镜子伸出了一只怀疑的手——

"你是谁？"对面镜子里出现了一个小女孩，老太太低声对小女孩说，"我好像认识你……"

在镜子的另一边，留着长长辫子的小女孩用手指在镜子上写道：H-A-N-N-A-H。

当小女孩画出最后一个H时，小女孩的形象在镜子里消失了。汉娜·阿伦特叹了口气，让水流出来，又在自己脸上洒了一些水。奇怪的出现……一定是她的梦跟着这个小女孩从床上来到了浴室。

但当她想要开始工作的时候，她觉察到办公桌前坐着一个留着长长的黑色辫子的身影。

"你在这儿干什么？"汉娜·阿伦特交叉双臂惊呼道，"你到底想要什么？"

汉娜·阿伦特今年六十九岁。她没有孩子，所以她没有在工作中受到打扰的经历：

"小姑娘，我还有一本书要写。"

"一本书？跟我聊聊书里的故事吧。"小女孩恳求道，胸前抱着一只褪色了的老狐狸。

"这本书可不是故事书，这是一本关于……关于词语的意义的书。"汉娜答道，打断了小女孩的话。

"所以，是你发明了那些词语吗？"

"发明词语"，汉娜·阿伦特心烦意乱地围着办公桌转圈，反复思索这几个字。

"别人想要我说什么我们就说什么，但我绝不是发明词语的人！我是地上的思想家，而不是洞穴里的思想家！"

小女孩离开办公桌然后坐在地板上。

如果我忽视她，老太太想，她可能会再次消失。

但这是一个很难忽视的孩子。很快，她又开始自言自语：

"这可能是一只狐狸走出洞穴的故事……"

汉娜·阿伦特开始变得不耐烦了，似乎打字机里的单词都不听她使唤了。

"或者这是一个狐狸害怕大坏狼的故事……"孩子继续大声说道。

最后她终于把她的小狐狸放在地上，然后深深地叹了口气：

"你看我猜不到，请你跟我讲个故事吧……"

"真是固执。"大汉娜继续暗中观察，同时仍然不理她。

女孩站了起来，瞟了一眼机器以固定的频率打出来的黑色字母。

"如果你在打字机上打出了所有东西，那就是你发明了词语……"

对汉娜·阿伦特而言，要相信，这是一句多余的话。

在曼哈顿的街道上，愤怒的大汉娜步履稳健，身后跟着一个孩子。小女孩睁着黑黝黝的大眼睛，似乎可以将整个世界吞噬。

"你要带我去哪儿？"她终于问了起来。

"剧院。讲述就代表行动。如果只是为了讲述而讲述，那就是空谈或是说谎。"

两个汉娜穿过一个摆满空椅子的大厅，大汉娜走上舞台。

　　一扇沉重的帷幕挡在她面前，她抬起幕布的一个小边钻了进去。

　　"好吧，我们走吧，"大汉娜对出现在红色帷幕前的小女孩说，"一个故事……"

　　"需要一些人来创造一个故事……"

　　"需要一个故事来创造这个世界。"

　　"一些角色。"

　　"当然！如果我独自一人存在这个世界上，那么这个故事就太容易预测了。正因为我们是许多人，为数众多，所以世界才是现在这个样子。"

　　"所以你不知道结局吗?"小女孩一边把她的毛绒狐狸玩具扔在空中一边问道。

　　她的狐狸掉了下来,在她的脚上颤抖着。这个动物像受了惊吓一样躲在它年轻的主人裙下。

　　"你看,我的狐狸就像真的一样!"孩子兴奋不已,而此时动物惊恐地瞪着四周。

　　帷幕后似乎热闹了起来。两个汉娜把目光投向了那高高的在颤动的黑色幕布。阴影中,新的角色准备上台了。

大汉娜把三击棍递给了小汉娜，这种棍子在剧院专门被用来敲十二下。但孩子皱起了眉头：

"为什么红幕的另一边那么吵？"她朝舞台前走去，一边低声说道。

在帷幕的另一边，孩子发现有数百双眼睛正盯着她。她害怕地退了回来。

"哦，哦！因为发现了观众，小姑娘惊慌失措了！"大汉娜说道。

孩子感到很恼火，她哭着躲进了后台。哟，真是太敏感了，这个孩子……

"这个故事只发生在你我之间，只有我们两个！"女孩抽抽搭搭地说道。

"一个值得被讲述的故事应该是一个有观众来评判的故事。"

但是小女孩似乎并没有准备好离开她的藏身之处。因此大汉娜也假装赌起气来。

"如果你要留在幕后讲述你的小故事，那我就不感兴趣了！"

两个汉娜到底谁更顽固呢。

TIPS 《精神生活》

　　《精神生活》是汉娜阿伦特的最后一部著作，原计划分"思维""意志""判断"三部分。在此之前，阿伦特一直自称"政治思想家"，她的著作也大多是围绕政治问题展开。她晚年计划写作的这部《精神生活》更偏向一种纯哲学的思考。在《精神生活》中，阿伦特探讨了"沉思生活"（哲学家式生活，与之相对的"积极生活"是指致力于公共政治事务的生活）的三种形式——思维、意志、判断。但遗憾的是，阿伦特于1975年12月4日因心脏病突发溘然辞世时，此书仅完成了前两部分。

TIPS 行动与言说

　　阿伦特认为通过言说和行动，人使自己与他人区别开来，主动揭示了他们独特的个人身份。言行构成一个关系网络，言与行一起发动了一个新的过程，这个过程最终浮现为某个新来者独一无二的生活故事，并独一无二地影响到所有与他接触过的人的生活故事。为什么历史最终变成了人类的故事书，因为有众多的行动者和讲述者，却没有作者，它们都是行动的结果。

　　最终还是小女孩被说服了，她加入到了舞台中。大汉娜把三击棍递给她：

　　"是你来敲十二下，对吧？"

　　孩子感觉她的胃像打了结一样紧张起来。大汉娜鼓励她：

　　"你来到这个世界上不仅仅是为了你的身体。你也为了……"

　　"为了精神的生命！"小女孩补充道，她记得大汉娜正在写这本书。

　　"为了思维、意志、判断……上台吧！"

　　在好奇心的驱使下，这个女孩在地板上敲击了十一下。随着第十二声响起，帷幕升了起来。

孩子转过身来，被她身后的装饰所震撼到了。高大的石柱耸立在舞台的四个角落。

一个穿着白色长袍的老人慢慢靠近她并伸出手。

"亚里士多德，我的老朋友。"大汉娜惊呼。

"我亲爱的小汉娜，亚里士多德邀请你去广场，他古城的公共空间……可不要拒绝！"

孩子抓住了那只伸向她的手，但是小女孩突然被奇怪的呻吟声惊动了……帷幕后两只充满威胁的大眼睛在闪烁着。

"那是什么？"小女孩躲在大汉娜的裙子下问道。那看起来像大坏狼的眼睛！

亚里士多德说：

"我们这些古希腊的圣贤决定保护我们的公共空间不受任何急迫、暴力和统治的影响。这也就是为什么在你周围会有广场！为了我们可以作为自由人进行交易，我们把狼放在了幕后，那是我们的私人空间。"

小女孩问："广场是您政治生活的舞台对吗？"

老人笑着说道："你什么都明白嘛。"

这下小汉娜有点放心了。舞台是空着的，她可以在这玩！她撩起一个裙角向狐狸示意：

"你可以离开这里，我们在广场，狼不在这里！"

"让我安静点吧，我有广场旷野恐惧症。"狐狸边说边把遮蔽它的裙角盖好。

大汉娜微笑着说：

"我知道这只老狐狸……这是一类不喜欢政治的哲学家。"

"广场旷野恐惧症就意味着不喜欢政治吗?"

"在某种程度上可以这么说。因为广场是政治的核心，希腊城是人类统治世界事务的地方。"

孩子瞥了一眼舞台的中心，亚里士多德在与其他人谈话。他们应该与邻国代表在商谈商业或外交项目……听着真让人打呵欠打得下巴都快掉下来了！

"你在聊一个故事……"

　　突然，从后台出来一些搬着纸箱的男人，他们走向舞台的中心。小汉娜好奇地跟着他们。

　　她问其中一个："你们拿这些盒子做什么？"

　　"我们正在搬家，我们在城市中心建房子。"

　　"但亚里士多德说，舞台就是城市，后台是私人空间。你们这样做会把一切都颠倒过来！"

　　"我的孩子，得与时俱进。"

　　小女孩赶紧去找大汉娜来警告他。

　　一树在疯狂生长的浓密的常春藤爬满了通往天花板的柱子。到处都有人在施工。

　　最后，孩子找到了在观察的大汉娜：

　　"看起来人们正在寻找一种新的模式。在这种模式中，有一些人负责公共和私人事务。"

　　"但是，广场不再是广场了！"小汉娜抱怨道。

　　"的确如此。看看我们的朋友亚里士多德……"

　　在舞台的中心，亚里士多德似乎像雕像一般立在那里。

从头到脚僵住的亚里士多德还在设法指挥新的建筑：

"你混淆了私人的后台和公共空间的舞台！如果每个人都忙于日常事务，就不会再有自由人来思考……"

然后一群人从后台冒了出来，就像一个孤零零举起的拳头：

"人人享有同样的权利，人人享有同样的权利！"

大汉娜对小汉娜说："这是一群奴隶，他们负责每个家庭的必需事务，这样才得以让他们的主人获得城市的自由。"

小汉娜惊讶地看着，人们在她面前列队游行：

"这是在闹革命吗？"

"算是吧，在政治舞台上，革命应该能够带来全新开始的机会。"

面对在眼前崛起的这座新城，小汉娜一边鼓掌一边说道："看这些新房子多漂亮啊！"

汉娜谨慎地说："它们不一样。"

但是人们开始争吵起来。一个发现他比他的邻居干得更多，另一个觉得他吃得更少，一个要求房子被完全平均分配。这些房子占满了公共空间……而在幕后，突然，那两只大眼睛开始闪闪发光。

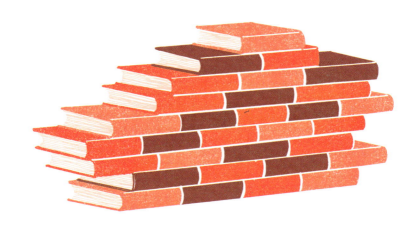

趁着这片混乱，狼从后台溜了出来，并开始在城市中心游荡。

小汉娜害怕得瑟瑟发抖！而她本来都快要忘记这个可怕的动物了……

孩子担心地问："谁会驯服狼？"

一个男人走上前来，清楚地说：

"我们将从我们当中挑选出州长，他将用皮带拴着狼，他将为此找到相应的法律并保障我们的权利。"

亚里士多德现在的手指尖都冻住了，他感觉自己的石头身体快要炸裂开来。

　　在舞台的中心，新的人们开始聚集起来选举州长。亚里士多德以前不知道还可以用这样一致欢呼的方式推选州长。老人用大家几乎察觉不到的声音说了一句话，这句话是他从一位比自己年长的圣人那里听来的：

有权力的才是真正的男人。

突然，地板开始摇晃。然后，在一阵震耳欲聋的嘈杂声中，建筑物裂开，爆裂成了一堆石块。新人散落在许多分散的人当中。那些早些时候还在一起建造的人，现在像一群孤立的鬼魂一样在游荡。

大汉娜抓住小汉娜的手将她拖到舞台的后面。小女孩边跑边惊慌失措地往后看。

她大声叫道:"亚里士多德!"她想去救这位老人。

大汉娜让她放心:"别为他担心!"历史让他成了城市的自由人。他将永远存在。

当她们再转过身来城市已是满目疮痍：舞台变成了一堆废墟，树木开始在废墟中生长。

两个汉娜很快就被困在茂密的森林中。

TIPS　亚里士多德

　　古希腊哲学家，柏拉图的学生、亚历山大大帝的老师，和柏拉图、苏格拉底（柏拉图的老师）一起被誉为西方哲学的奠基者。他的著作涉及许多学科，包括了物理学、诗歌、音乐、生物学、经济学、逻辑学、政治以及伦理学等。他在著作《政治学》中集中对于城邦各项政治事物的讨论，是古希腊第一部全面而系统地论述政治问题的著作。

　　"如果新任的州长不去驯服狼，反而把狼放生了呢？难怪这座城市已经变成了一片森林。"小汉娜感到不寒而栗。

　　"天怎么这么黑了！这就是故事的结局吗？"

　　"让我们再去找到人类事务的场景，故事将会继续下去。"

　　小女孩的狐狸从裙子后露出一个小尖鼻子来，说道："加油，我的朋友们！在我看来，故事给了我们设了一个陷阱。我呀，我宁愿去挖自己的洞。"

　　然后狐狸跑到森林里去了。

大汉娜叹了口气。

她承认："故事里确实有陷阱，但我们的朋友狐狸有一天会发现洞穴里也有陷阱。"

小汉娜小声地表示："不过，我还是很害怕。我更喜欢广场，你不是吗？"

"我从来没有怀念过去。我怀念无限可能的开始。"

小女孩焦虑的眼睛深处亮起了一盏明灯。

两个汉娜果断地往前迈步，她们偷偷地溜进了树林中。她们似乎想要避开任何可能横亘在她们面前的道路。

小女孩把浓密的植物拨开，一边叹口气："你怎么可能在森林中找到人类事务的舞台呢？"

TIPS　公共空间和私人领域

　　汉娜·阿伦特认为对古希腊人而言，公共生活与私人生活之间有着明显的界限，公民拒绝将私人或家庭的利益需求带入公共领域，并且在公共领域中通过讨论寻求出对城邦最有益的决策。然而，随着社会的兴起，家庭和家务活动进入公共领域，使古希腊式的公共和私人领域被吞噬。随着社会领域的出现，公民将对个人或家庭财富的需求带入公共领域，导致公民的政治需求之间产生了冲突，专家和官僚代替了公民构成了政治体系，同时行使着政治职能。

突然，小女孩和狼几乎鼻子碰鼻子撞到了一起。
狼用一种令人不安的平静说起了自己的出现：
"我趁大家都在恐慌的时候从裂缝中钻了出来。"
狼嚣张地剔着牙。
"可爱的孩子，难道我没有权利成为自己的主人吗？"
大汉娜平静地反驳道："这还有待讨论。"
但是狼丝毫没有被打动，又继续危险地往前冲去。

　　大汉娜直直地盯着它的眼睛：

　　"既然你已经从后台出来走到了舞台上，你就必须得知道有法律。比如，你不能杀人。这是人类最古老的法律之一。"

　　狼再向前走了一步，反唇相讥："那如果法律改变了呢？"

　　就在这时地下传来微弱的声音：

　　"你最好到我的狗窝里来见我！"

　　小女孩看见不远处有一个长廊的入口。

　　仅用了几秒钟，她就冲了进去。大汉娜为了追上自己要保护的人，放弃了与狼面对面的机会。

　　"快跑！快跑，趁你们的法律消失之前，快跑！"

现在两个汉娜终于到了洞里。她们在那里发现了正在冥想的老狐狸。

它只睁开了一只眼睛，决心不让自己被她们的出现打断：

"女士们，别客气，把这当作自己家里一样！你们还可以给自己泡茶……"

"很好，我的老狐狸，不过我们并不打算在这住下去。"

"那你们打算回到外面动乱的世界中去吗?"狐狸轻蔑地叹了口气。

小汉娜害怕狼又出现，恳求大汉娜接受狐狸这个舒服又宽敞的洞穴作为避难所。但大汉娜决定——

她说:"我们可不是洞穴里的思想家,而是地上的思想家。"

狐狸闭上了刚刚睁开的眼睛,平静地说:"那有被吃掉的危险。"

大汉娜肯定地说:"完全正确,但不去冒任何险,不是相当于已经死了吗?"

说这话的同时,大汉娜转身离去。她确信女孩会跟着她。她确实没弄错。

在通往地面的迷宫般的长廊上，小汉娜看到了威胁她们的暗藏的危险。

大汉娜生气地叹了一口气："你看，如果思想只是文字，那它们最终可能会失去我们……如果没有一条长廊能通往人类事务的世界，那么最好挖掘一些长廊。"

但是在经过千回百转之后，这个迷宫终于找到了出口。两个汉娜又回到了浓密的森林里。

小汉娜高兴地叫了起来："那儿有一片空地，终于找到了一个新的舞台！"

两个汉娜为了快点到达空地加快了步伐。在走出森林之前，小汉娜担忧地四处张望：周围没有狼吧……哎，她终于可以休息了！

"看，甚至还有安家用的椅子和桌子！"

小女孩开心地跑到了这个新的空间，但大汉娜看起来不太放心。

孩子叫道："跟我来，狼不在那里，没有什么可怕的！"

"如果这些家具里隐藏着比最坏的动物更大的危险呢?"

突然，人们从树林里出来，来到空地上。他们中的一个走近女孩，在她的外套上贴了一个标签。大汉娜想阻止。

"您在做什么?"她问。

她自己交叉着手臂，这样她就不会被贴上标签。

"一个手续而已。"男人回答，然后在办公桌后坐下来。

其他男人也这么做。每当一个人坐下来，另一个小汉娜就会出现在办公桌的另一边。

小汉娜惊惶失措地环顾四周，低声说:"我们现在有好几百人了。"

这片空地突然变得比她离开的那个森林更不适合居住了。一列小汉娜的队伍开始行动起来，她们停在办公桌前，办公桌上放了印章、纸张，男人在每张纸上盖章。小汉娜被这个她不熟悉的场景吸引住了，她跟着其他人一起动了起来。

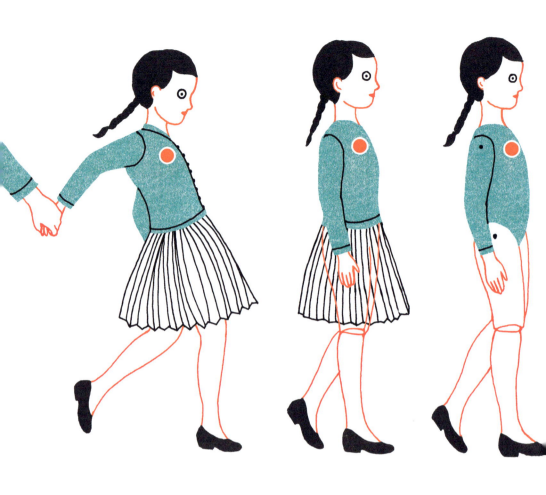

　　在队伍缓慢行进的同时，大汉娜在寻找怎么逃到森林里去。当她快到森林边缘的时候，她抓住了在机械地往前走的孩子一只僵硬的手，并把她拉到了树后。

　　小汉娜尖叫起来：现在她的手变成木头了，她的腿也是！大汉娜啪的一下把男人贴在小女孩外套上的标签摘了下来。然后，她抓住孩子的手，让它们在自己手里暖和了很长时间。

　　办公桌人正准备把你变成木偶……

两个汉娜藏在树后，看着办公桌人的空地上，长长的队伍在向前移动。

小女孩问："他们想要杀了我们吗？"

"比这更糟糕，我的小汉娜。他们甚至要消灭人性的原则。他们做到了，以至于他们自己都不再是人了：看，他们也变成了木头人了！"

"他们的舌头也是，我打赌！"

现在，所有的小汉娜都变成了木偶，那些办公桌人也是。

大汉娜说："用木头做的舌头，用木头做的脑袋，他们不能再思考了。缺乏思想比所有邪恶的本能加在一起还要危险……"

孩子惊呼:"但我想到了！如果他们是木偶,一定有人在幕后操纵！"

于是两个汉娜沿着森林边缘去寻找木偶操纵者。

到了舞台的另一边,她们发现了一大堆木头。办公桌人引着小汉娜的木偶朝那走去。

越来越焦虑的小女孩问:"会发生什么?"

"人类将会化为乌有。那些人的人性将被烧毁,他们的人性将点燃火焰。"

TIPS 平庸之恶

这是汉娜·阿伦特提出的最著名的一个哲学概念。这个概念的提出是基于她参与了报道对纳粹德国的高官艾希曼在耶路撒冷的审判。阿伦特以艾希曼的行为方式来阐释现代生活中广泛存在的"平庸的恶",是指把个人完全同化于体制之中,服从体制的安排,默认体制本身隐含的不道德或反道德行为,甚至成为不道德体制的毫不质疑的实践者。一种因不思考、不判断、盲目服从权威而犯下的罪恶。

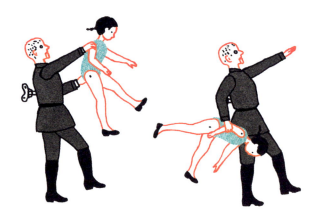

小汉娜觉得她的喉咙抽紧了，但她的同伴朝她微微一笑，并低声对她说：

"想想新开始的无限可能……"

所以，她开始与木偶操纵者争分夺秒。

突然，两个汉娜听到了一个很尖的声音：

"嘿，姑娘们，你们在找我吗？"

她们抬起头，在悬在舞台之上的一个树枝上，她们发现了一个自己几乎认不出来的奇怪的角色。

小女孩认了出来："那是狼的眼睛。"

大汉娜指出："它奇怪地文明化了。"

孩子说："这下我们可以放心了。"

但是大汉娜反驳道："这是相当令人不安的。"

只要狼还是狼，我们就可以用皮带把它拴住。

但如果它变成了人类，那么它就会一直渗透进人类的心脏。

　　但是那个大眼睛的"人"开始不耐烦了。

　　"你们在跟我说话吗？你们在找操纵木偶的人对吧？好吧，那就是我。"它一边大声宣布一边从树枝上跳下来，"你们喜欢我的三件套西装吗？我觉得这件小背心很适合我……"

　　"别说了，"小汉娜大声喊，"把木偶的线剪断，还他们自由！别让办公桌人点燃这堆木柴！"

长着狼眼睛的"人"哈哈大笑起来。

"但是我没有牵着线呀，可爱的孩子！就是这个让人高兴啊。我的那些执行命令的人，就凭他们的木脑袋，是无法区分善与恶的，他们只是完全遵守了我的新法律。你刚刚不是对我说了吗：你不要杀人了？而我说：你们会杀人的！我们把这个钢印印在文件上，就成了一条新法律，于是这条新法律就被刻在了我的木头人的脑袋里！太好了，不是吗？"

大汉娜反击："我讨厌你们的新型文明！"

狼人斜着身子说："夫人，谢谢您的夸奖。"

但小汉娜拉着大汉娜的衣袖。

她哭着说："看！"

在舞台中央，火堆被点燃了。

当两个汉娜走进舞台的时候，那堆木偶已经被烧光了。刽子手不见了。孩子很绝望。

路过的狐狸注意到了这堆灰烬。它挠了挠头，尴尬地说：

"亲爱的汉娜，对不起，我对政治从来就不感兴趣……我想我最好还是回到我的洞穴里去，对吧？"

大汉娜说："这就是洞穴的陷阱。如果你拒绝到政治舞台上去，就会发生这种情况……"

狐狸夹着尾巴，消失在了舞台下的长廊里。

但是，难道没有一个影子试图隐藏在森林的深处吗？

"还有一个办公桌人！"小汉娜喊道。

于是小女孩跑到木偶跟前，抓住他的手臂。

"你为什么要这么做？"

"我不知道！我只是一个木偶，我跟着动作走。"

"你在撒谎，你身上没有线拉着你做这些动作。"

"我是按照法律来的。"他从办公桌里拿出了一叠文件为自己辩解道。

大汉娜拉着脸，感到非常厌恶：

"您难道没有自己心里要说的话吗？不是来自于那张纸上的话？您真是太平庸了！"

小汉娜转向绝望的大汉娜。

她问："如何评判一个木头人？"

"这可是一个大问题！但是评判，其实也是让被评判的人说话。如果我们让他说话，我们将迫使他失去他的木头舌头。当他说的话是正确的时候，他们就不仅仅只是在说话了：他们在行动。"

此外，树木一棵接一棵地往地下沉。

很快，植被也在减少。渐渐地，森林消失了。

男人登上舞台给办公桌人戴上手铐。

他争辩道："你们可以评判我，但要知道我没有机会。我只是遵守了错误的法律。"

"当我们不再思考，任自己沉浸在行动的乐趣中的时候，就会发生这样的事情……如何和一群只知道服从法律的人一起建立公共空间？"

"再给我一次机会……好吧，给我换一个领导，一个有好法律的领导，我将会服从他说的一切的！"

"你真是个讨人厌的傻瓜！"大汉娜反驳道，"作为一个公民，他应该要知道如何去辨认一个真正捍卫正确法律的领导！"

办公桌人眼睛里仍然还是充满了钦佩，他宣称："好吧，如果您要这样说，那我承认我领导的法律确实是错的。但是他真的很了不起！您自己看看，他已经爬上了社会的最高层。他从一只长着疥疮的狼变成了操控世界的人，这就是我服从的原因。"

"悲哀的就是，你服从了，但政治上的服从与在幼儿园的服从是不一样的。在政治上，服从和支持是一回事。"

"这就是您必须离开人类事务的原因！"小汉娜总结道。

办公桌人离开了舞台。

　　现在又只剩下两个汉娜在舞台上，她们身上还带着下层林丛的苔藓。

　　"怎么会这样啊?"小汉娜叹道。

　　"确实就是这样。但并不是在所有地方都是这样。为了让这个星球仍然适合人类居住不再需要其他任何东西了。"

　　"但它明天还适合人类居住吗?"

　　大汉娜笑了起来，小汉娜和她有着同样的担忧。

　　大汉娜回答:"我一直都相信不可预见的事情，最重要的是，我对你有信心！你认为在这个世界上，什么保证了永远有机会重新开始?"

　　小女孩在思考，然后她的眼睛又亮了起来:

　　"是孩子们！"

　　"完全正确！是不断来到这个世界上的陌生人让这个世界变得不同，只要他们是固执、可爱的孩子……"

　　这时小汉娜卷起了袖子。"固执和坚持不懈"，大
汉娜沉思着，被小女孩的决心感动了。

　　"你不帮我建造新的舞台吗?"孩子问，"我需要
你继续讲下去。"

　　但这时一些新的角色从后台走了出来，走到了
她那里。大汉娜往旁边走了一步，让出一条路让他们
过去。

　　"哦，你知道……"她调皮地说，"那些勇敢地来创造世界的人不需要词语的发明者来帮他们……"

　　说这些话的时候汉娜悄悄地离开了舞台。她从红色天鹅绒扶手椅间偷偷溜过，推开剧院的门。

　　她看了一眼手表：时间过得真快啊！她必须尽快回到她的公寓，因为今晚有朋友来吃晚饭，而她还没有准备好食物……

　　1975年12月4日晚上，天气异常寒冷，汉娜·阿伦特起身为她的客人准备咖啡。她想说点什么，但她感到生命沉重的幕布落了下来。对于她来说，说话的时间已经结束了。她鞠了一躬，瘫倒在扶手椅上。

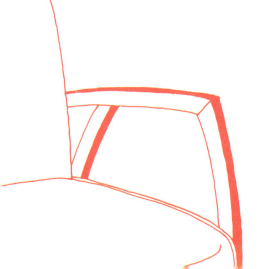
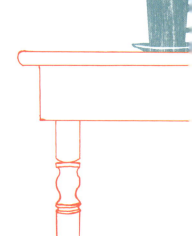

在大汉娜去世的那一刻，她感觉一个和自己长得很像的小孩在她身后解读着她完成不了的那本书。所以她还能听到一个微弱而清脆的声音在耳边响起：

要结束精神的生命真是太遗憾了！

因为汉娜是一个回文。这是一个可以从左读到右或从右读到左的名字，然后，又回到开始的H，您可以读到最后的H。就这样读下去，直到您不知道哪个是开始的H，哪个是最后的H。